Pasaporte
del investigador

Nombre:

- - - - - - - - - - - - - - - - - - -

Edad:

- - - - - - - - - - - - - - - - - - -

Mi color favorito:

- - - - - - - - - - - - - - - - - - -

Mi dinosaurio favorito es:

- - - - - - - - - - - - - - - - - - -

Introducción

Queridos lectores,

Los niños tienen diferentes gustos, pero
colorear libros siempre llama su atención.

Pintar y colorear les ayuda a desarrollar sus habilidades motrices.
Su concentración estará puesta en una tarea que les divierte.
Cuando compras libros para colorear tienes garantizada
la satisfacción de darle al niño su primer contacto con los libros.

Colorear es una de las primeras actividades que los niños disfrutan.
Expresarse desde las artes potencia su creatividad,
les trae sentimientos positivos, les dibuja una sonrisa.

!Trabajamos con amor bajo esta premisa!

Cuando compras nuestros libros, nos ayudas a seguir publicando.
Vísitanos en nuestro sitio web e interactúa con nosotros.

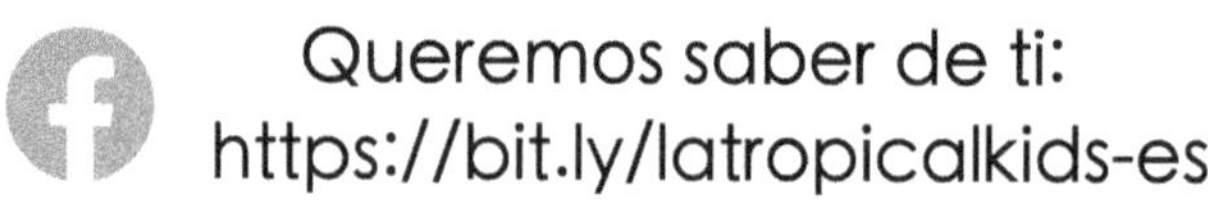

Queremos saber de ti:
https://bit.ly/latropicalkids-es

Sobre este libro para colorear

Hola,

¿llenaste la primera página con tu nombre?

¡Genial! ¡Entonces empecemos!

Este es un libro muy especial.
En el lado derecho encontrarás las imágenes de dinosaurios
y lagartos para llenarlos de color y en
el lado izquierdo información
que podrán leerte en voz alta.

Cada imagen se puede recortar para
colgar tu obra de arte cuando la hayas terminado.
Los verdaderos fanáticos diferenciarán cada dinosaurio
rápidamente.

Al final de este libro tienes un espacio para
dibujar y pintar tu dinosaurio.

¡DIVIÉRTETE!

Tyrannosaurus Rex

Significado:
"El rey de los lagartos tiranos"

Nombre común: Tiranosaurio Rex

Altura: cerca de 5 m

Longitud: hasta 12 m

Peso: entre 7 y 9 toneladas

Alimentación: Carnívoro

Origen:
Norteamérica y Asia Oriental

Período en el que vivió:
Cretácico, hace
70 millones de años.

Tyrannosaurus Rex

Tiranosaurio Rex

Triceratops Horridus

"Horrible cabeza de 3 cuernos"

Altura: cerca de 3 m

Longitud: entre 7 y 9 m

Peso: de 6 a 12 t

Alimentación: herbívoro (plantas)

Origen:
América del Norte

Período en el que vivió:
Cretácico, hace
68 millones de años.

Triceratops Horridus

Triceratops Horridus

Diplodocus

"Doble viga" o diplodoco

Altura: cerca de 5 m

Longitud: hasta 30 m

Peso: 12 toneladas

Alimentación: herbívoro (plantas)

Origen:
Norteamérica

Período en el que vivió:
Jurásico, hace
155 y 145 millones de años.

Diplodocus

Diplodocus

Pterodáctilo

"Dedo alado"

Altura: cerca de 20 cm

Longitud: hasta 1 m

Peso: 2 kg

Alimentación: Carnívoro

Origen:
Alemania, Francia, Inglaterra (Europa)
y Tanzania (África)

Período en el que vivió:
Jurásico, hace aprox.
entre 150 y 140 millones de años.

Pterodáctilo

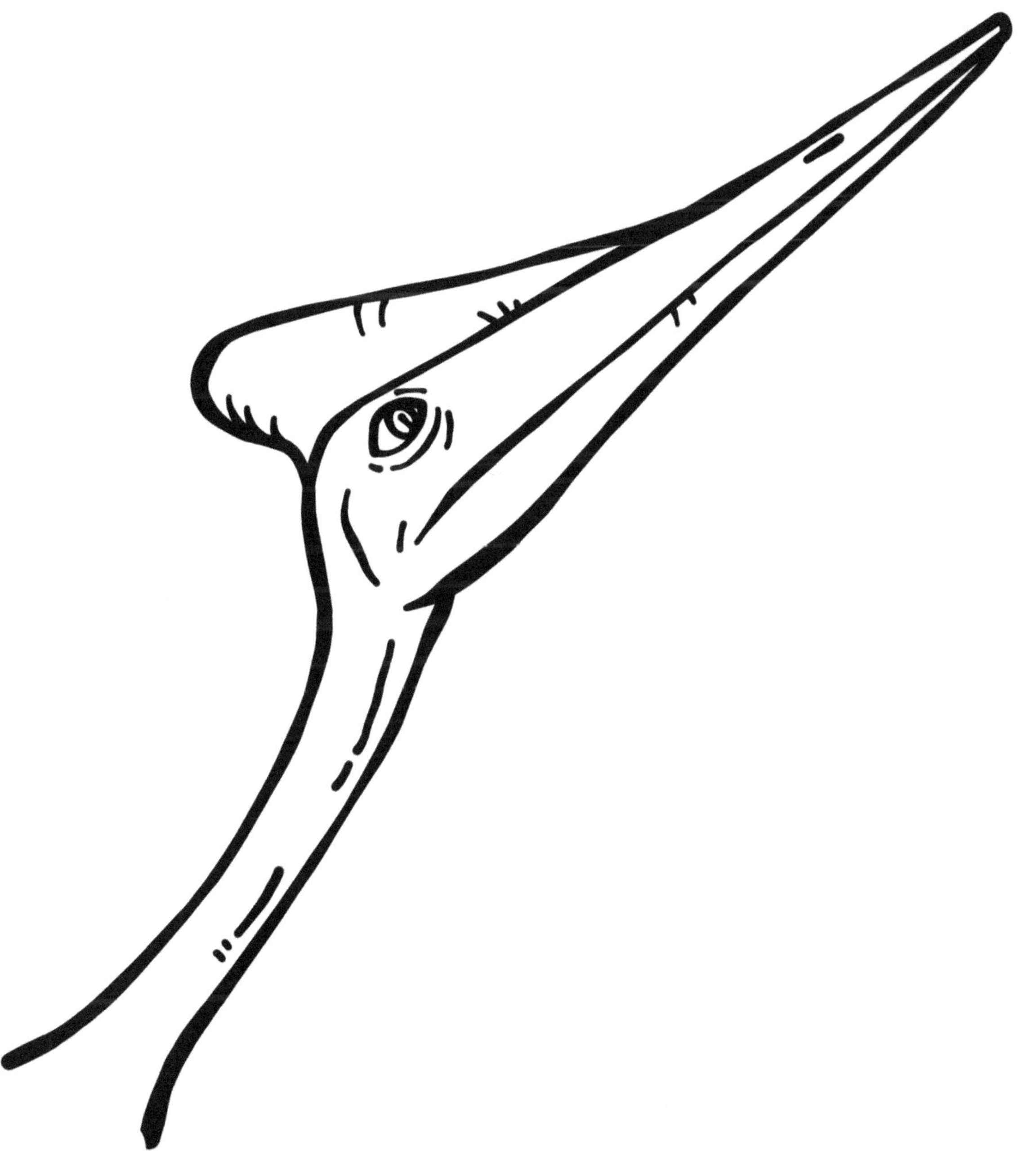

Pterodáctilo

Parasaurolophus

"Lagarto de cresta"

Altura: cerca de 4 m

Longitud: 10 metros

Peso: hasta 5 toneladas

Alimentación: herbívoro (plantas)

Origen:
América del Norte

Período en el que vivió:
Cretácico, hace aprox.
84 y 72 millones de años.

Parasaurolophus

Parasaurolophus

Dimetrodon

"Diente de doble medida"

Es un reptil que existió
antes que los dinosaurios

Altura: cerca de 2 m

Longitud: 3 m

Peso: hasta 250 kg

Alimentación: carnívoro

Origen:
Europa y América del Norte

Período en el que vivió:
Pérmico, hace
300 – 260 millones de años.

Dimetrodon

Dimetrodon

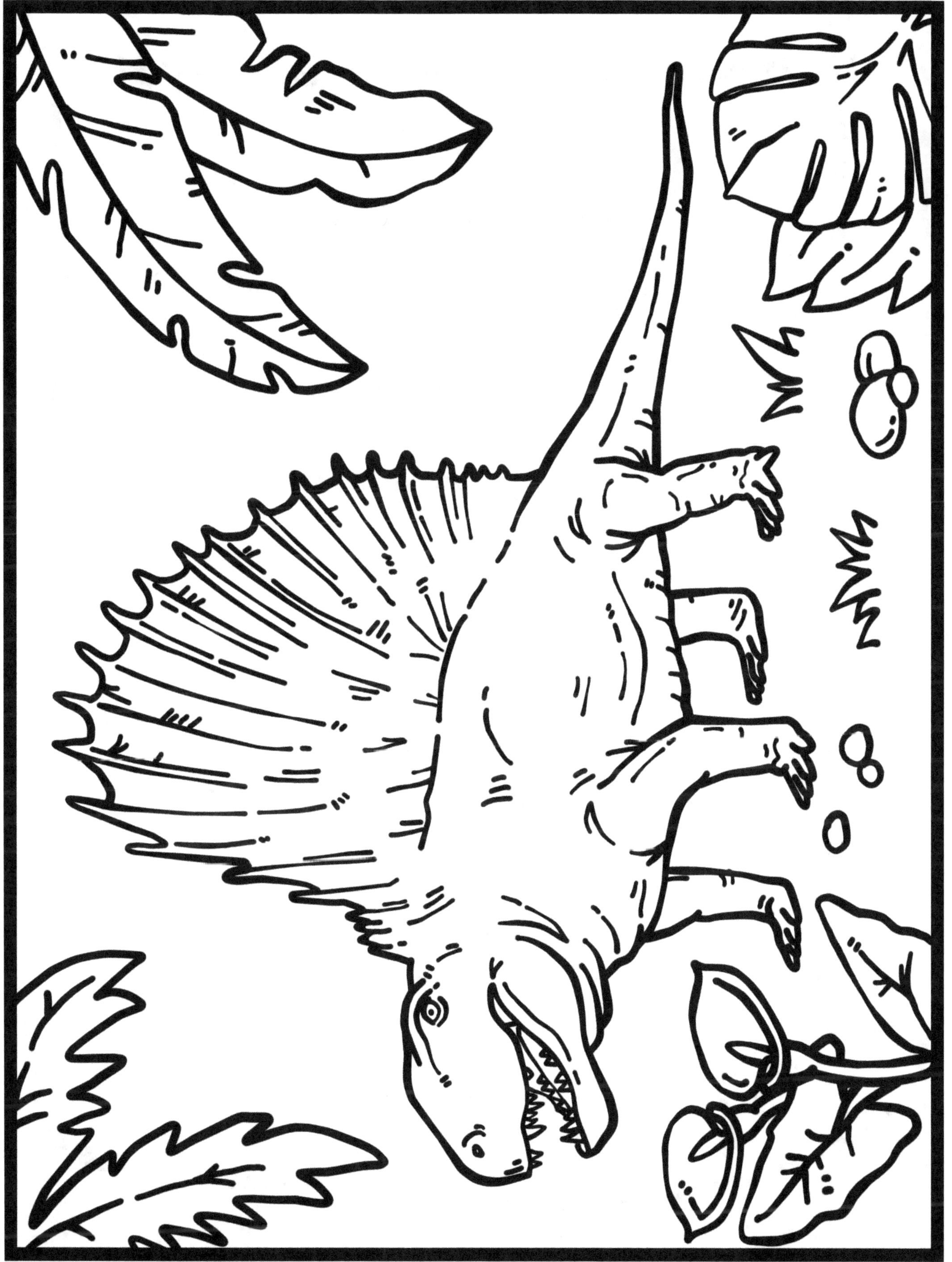

Mosasaurus

"Lagarto del río Mosa"

Altura: cerca de 3 m

Longitud: 18 m

Peso: hasta 25 t

Alimentación: carnívoro

Origen:
Europa y América del Norte.

Período en el que vivió:
Cretácico, hace entre
83 y 66 Millones de años.

Mosasaurus

Mosasaurus

Velociraptor

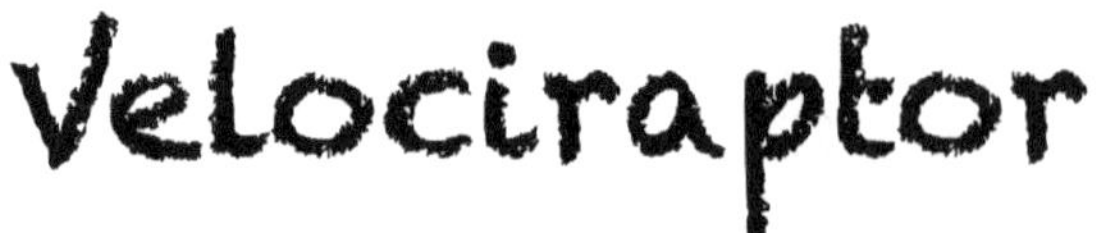

"Ladrón Veloz"

Altura: 50 cm

Longitud: cerca de 2 m

Peso: hasta 15 kg

Alimentación: carnívoro

Origen:
Mongolia, Asia

Período en el que vivió:
Cretácico, hace
75 a 71 millones de años.

Velociraptor

Velociraptor

Ankylosaurus

"Lagarto rígido o tieso"

Altura: cerca 2 m

Longitud: cerca 8 m

Peso: hasta 4 t

Alimentación: herbívoro

Origen:
Canadá y Estados Unidos

Período en el que vivió:
Cretácico, hace
75 a 65 millones de años.

Ankylosaurus

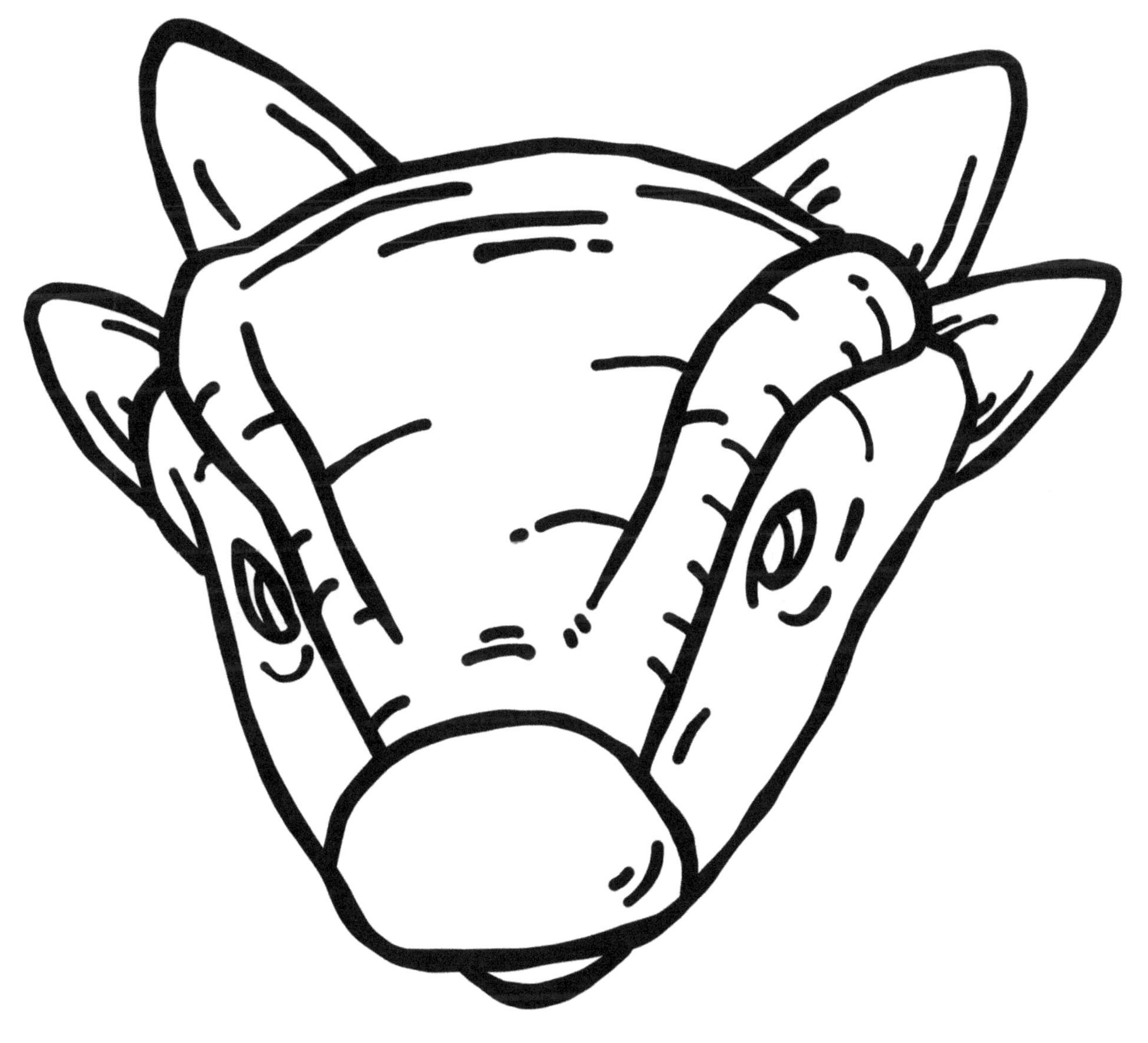

Ankylosaurus

Pteranodon

"Reptil volador sin dientes"

"El pescador de los cielos"

Altura: cerca 2 m

Longitud: hasta 6 m

Peso: hasta 25 kg

Alimentación: piscívoro

Origen:
América del Norte

Período en el que vivió:
Cretácico, hace
85 a 75 millones de años.

Pteranodon

Pteranodon

Stegoceras

"Techo de cúpula"

Altura: cerca de 1,2 m

Longitud: cerca de 2 m

Peso: hasta 60 kg
Alimentación: herbívoro

Origen:
América del Norte

Período en el que vivió:
Cretácico, hace
76 a 66 millones de años.

Stegoceras

Stegoceras

Spinosaurus

"Lagarto de espina"

Altura: cerca de 4 a 7 m

Longitud: hasta 16 m

Peso: hasta hasta 8 t

Alimentación: Carnívoro

Origen:
Norte de África

Período en el que vivió:
Cretácico, hace
112 a 97 millones de años.

Spinosaurus

Spinosaurus

Caudipteryx

"Cola emplumada"

Altura: cerca de 50 cm

Longitud: 1 m

Peso: 6 a 7 kg
Alimentación: omnívoro

Origen:
China

Período en el que vivió:
Cretácico, hace entre
130 a 120 millones de años.

Caudipteryx

Caudipteryx

Plesiosaurus

"Cercano al lagarto"

Fueron reptiles marinos
que convivieron con los dinosaurios

Altura: 2 m aprox.

Longitud: hasta 15 m

Peso: 15 t

Alimentación: piscívoro

Origen: Océanos del planeta

Período en el que vivió:
Jurásico, hace entre
200 y 66 millones de años.

Plesiosaurus

Plesiosaurus

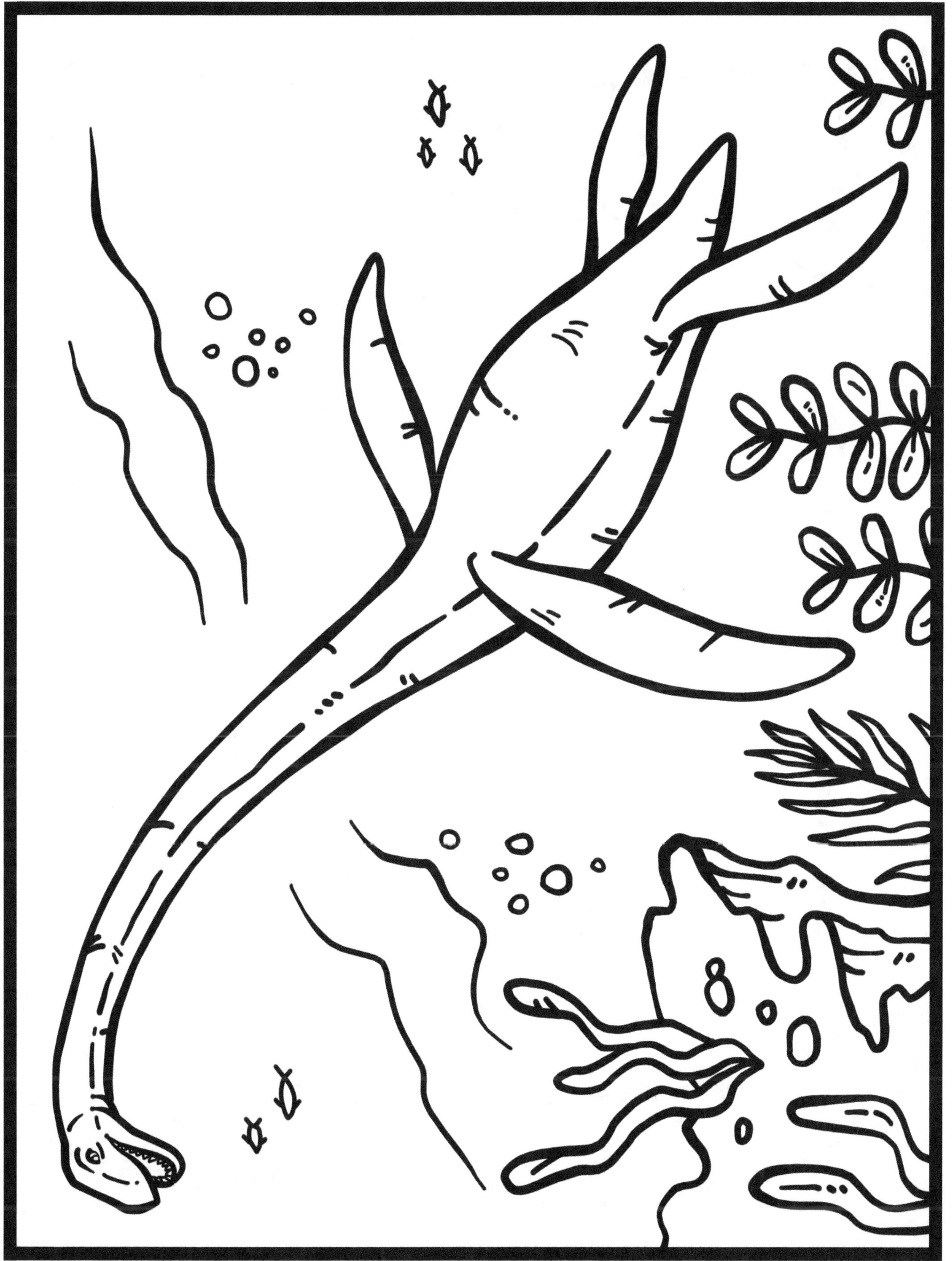

Stegosaurus

"Lagarto con techo"

Altura: 4 metros

Longitud: hasta 9 m

Peso: 2 t

Alimentación: Herbívoros

Origen: Norteamérica y Europa

Período en el que vivió:
Jurásico, hace entre
155 y 145 millones de años.

Stegosaurus

Stegosaurus

Ahora es tu turno.

Este es tu espacio para
que dibujes y colorees
libremente tu
dinosaurio favorito

¡Pon a volar tu
imaginación!

Muchas gracias

por elegirnos y compartir alegría con los niños.

¿Cómo te ha parecido este libro?

Cuéntale a otros tus comentarios. Comparte tu reseña.
¿el libro cumplió tus expectativas? ¿te gustó?
¿tienes alguna sugerencia?
Tu opinión es muy valiosa para nosotros.
Trabajamos con dedicación y cuidado para que cuando
nos elijas te lleves lo mejor.

¡Queremos ver tus obras de arte!

Publica tus fotos en nuestro grupo

Allí tendrás acceso a descargables gratuitos para colorear.
¡Te esperamos!

Visita:
https://bit.ly/latropicalkids-es
o escanea el código QR:

Diviértete en 

TíTULO: Dinosauios para colorear

ISBN: 978-3-96908-009-2

Primera edición 2020 La Tropical Publishing
La Tropical Publishing bajo La Tropical Kids
por David Ludwig.

Textos: Victoria López
© 2020 David Ludwig
Wilhelmsaue 103
10713 Berlin

www.latropical.de

Para preguntas y sugerencias:
hallo@latropical.de

DERECHOS RESERVADOS